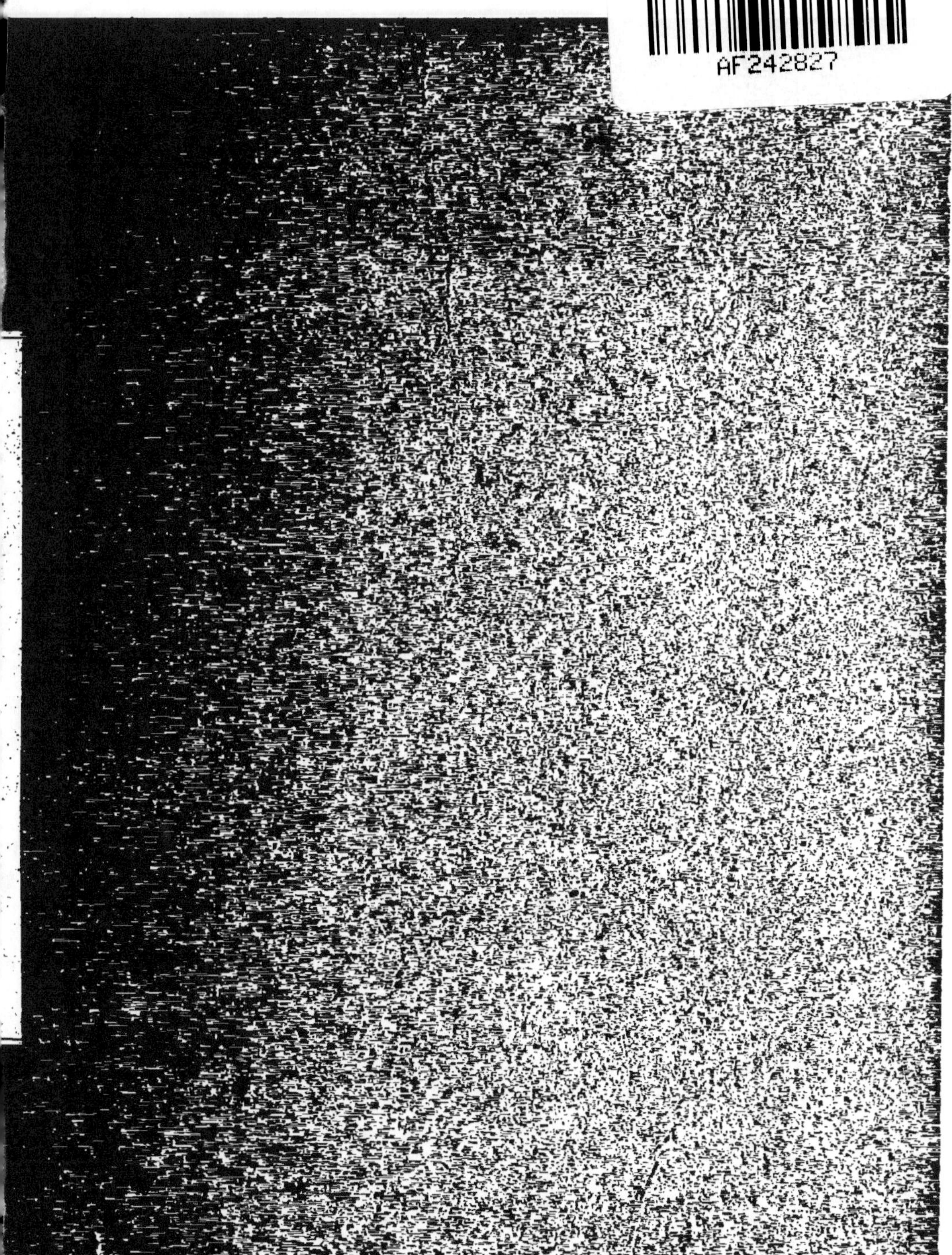

MON OPINION

SUR L'ACTE ADDITIONNEL

AUX CONSTITUTIONS DE L'EMPIRE,

ET PEUT-ÊTRE CELLE DE BEAUCOUP DE FRANÇAIS.

Vox Populi, vox Dei.

« LES souverains sont faits pour les peuples,
» et non les peuples pour les souverains. »

Ce principe de haute libéralité, l'Empereur
l'avait proclamé. On devait donc espérer qu'il
servirait de base à l'Acte additionnel, si nécessaire et tant désiré. Il paraît, et, à son
aspect, les plus chauds partisans de la nouvelle
révolution, les vrais patriotes sont glacés.
Tout y est combiné pour lier le peuple et
fortifier le pouvoir exécutif, quand tout de-
vrait l'être, au contraire, pour que ce pouvoir,
toujours enclin à empiéter, fût balancé et
contenu. Qu'on se le persuade bien, des es-
claves ne vaudront jamais des enfans : les uns,
flétris par leurs fers ou révoltés par l'oppres-

sion, tour-à-tour lâches et furieux, selon qu'ils se croient forts ou faibles, toujours incapables de ce patriotisme qui fait, dans les grandes circonstances, l'insurmontable ressource des souverains, supportent impatiemment le joug d'un maître, et n'attendent qu'une occasion favorable pour se briser. Les autres, au contraire, veillent avec amour à la conservation d'un père ; fiers de leurs droits, la patrie et l'honneur, voilà leurs dieux. Forts d'une telle religion, ils sont tout à la fois les invincibles défenseurs de leur pays, la gloire de la nation et le bouclier du souverain. La France est digne de toute confiance ; se jeter aveuglément dans ses bras, c'est mériter toute sa reconnaissance, toute sa générosité. Celui-là est seul grand et magnanime, parmi les souverains, qui veut et sait régner sur des hommes.

Art. 3. *De la Pairie héréditaire.*

L'hérédité de la pairie est une noblesse constituée. La France a appris trois fois de quoi les noblesses sont capables. La voilà de nouveau exposée à une quatrième expérience. L'orgueil, la cupidité et la nullité de l'ancienne noblesse, l'arrogance d'autant plus insupportable de la nouvelle, qu'il était impossible de prévoir qu'elle serait aussitôt poussée si loin, ont dû dégoûter la France de toutes les espèces de noblesses. En vain objecterait-on qu'il en existe ailleurs : ailleurs la noblesse est toujours circonspecte, parce que le peuple est toujours fort. Qu'elle y soit, au reste, ce qu'elle voudra, et que les autres peuples se gouvernent comme ils l'entendent, qu'avons-nous besoin de modèles ! N'avons-nous pas pour nous une triple expérience, et ne devons-nous pas savoir ce qu'il nous faut ? Tout ce qui m'étonne, c'est que le grand Homme, à la voix duquel se sont relevés tout d'un coup, et par la seule influence de son nom, la gloire et l'honneur national, à qui il a suffi d'un seul regard, d'un seul geste, d'un seul mot pour faire rentrer dans le néant la dernière tête de l'hydre féodale, déjà si fière et menaçante, ait pu se décider à créer, contre le vœu général, un autre monstre à sa place.

ART. 4. *Du droit accordé au Souverain de nommer les Pairs, et de leur nombre illimité.*

Le droit de nommer les pairs et leur nombre illimité, est une arme au moyen de laquelle le souverain rendra de nul effet, quand il voudra les volontés de la chambre des représentans, et dominera par la suite l'opinion de ceux des membres de la chambre des pairs qui, constitués par l'hérédité, se trouveraient dégagés par là de la reconnaissance imposée à leurs pères, et pourraient siéger avec quelques sentimens d'indépendance. Les dispositions naturelles à tous les hommes, et surtout aux souverains, de se faire des créatures, jointes à la nécessité que ceux-ci croiraient entrevoir, doivent faire craindre qu'au bout de cinq ou six règnes le nombre des pairs soit de trois ou quatre mille, et peut-être plus, lorsque celui des représentans ne sera toujours que de six cent vingt-neuf. Si c'est ainsi que ces Archimèdes législateurs établisent des contrepoids, ce qu'on appelle en législation, *la balance des pouvoirs,* il n'est pas nécessaire d'avoir une grande connaissance de la mécanique pour s'apercevoir qu'il devenait très-inutile de parler de libéralité, et qu'il était beaucoup plus simple de dire : Nous voulons. La manière avec laquelle ce grand problême a été présenté, ne l'a pas rendu difficile à résoudre.

Pour obvier aux inconvéniens à craindre,

le nombre des pairs pourrait être, si on le juge nécessaire, du double de celui des représentans ; mais une moitié serait à la nomition de la chambre des représentans. et l'autre à celle de l'Empereur. Il serait ensuite pourvu au remplacement de la même manière.

ART. 29. *Du Président des Colléges électoraux.*

Liberté pleine et entière aux colléges électoraux de se choisir un président.

ART. 9. *Du Président de la Chambre des Représentans.*

Par suite du même principe, liberté pleine et entière à la chambre des représentans d'élire le sien. L'homme de son choix, voilà quel doit être son président. C'est un homme enfin qu'il faut à la chambre des représentans, à la France et à l'Empereur.

ART. 5. *Du Président de la Chambre des Pairs.*

Même liberté pour la chambre des pairs. La présidence ne serait dévolue à l'archi-chancelier que dans les cas extraordinaires.

*

ART. 17. *De la compatibilité du titre de Pair avec d'autres places, à l'exception de l'emploi de comptable.*

Que le titre de pair ne soit point incompatible avec d'autres places, cela peut être nécessaire. L'expérience, toutefois, nous a appris que les places sont entre les mains du gouvernement un moyen de séduction : mais nous attendons cependant de la justice du gouvernement et de la vigilance patriotique des chambres des représentans et des pairs, de ne plus nous exposer à voir un seul homme posséder trois ou quatre emplois et réunir sur sa tête un revenu immense, tandis qu'une infinité de fonctionnaires et de Français sans fonctions auront à peine ou n'auront pas même de quoi subsister, et cela parce qu'il sera devenu intéressant pour le gouvernement de se disposer tel ou tel individu dont il aura craint l'influente opposition. S'il est des pairs qui se recommandent par de grands talens, ou que le souverain affectionne particulièrement ; que l'estime les porte au ministère, ou que la bienveillance leur accorde une place à la cour, autrement la dignité du titre de pair et ses émolumens sont, je pense, suffisans à une raisonnable ambition, à l'éclat du trône et à la représentation nationale ; car des pairs constitués en principe par le vœu de la nation, ce qu'ils ne doivent pas un instant perdre de vue, doivent être des pairs patriotes.

ART. 21. *Du pouvoir accordé à l'Empereur de proroger, ajourner et dissoudre la Chambre des Représentans.*

Que l'Empereur ait le pouvoir de proroger la chambre des représentans, la force des circonstances peut rendre nécessaire une mesure qui prolonge ses rapports avec le peuple ; mais, dans aucun cas, serait-il ou Titus ou Trajan, le pouvoir absolu d'ajourner ou de dissoudre cette même chambre ne peut lui être confié sans compromettre évidemment les droits et la dignité du peuple. La gravité des inconvéniens qui résulteraient de cette faculté serait incalculable sous un despote, et la Constitution française doit être fondée de manière à ce qu'elle soit convenable pour tous les tems.

ART. 26. *Du refus de laisser lire les opinions écrites.*

On veut que les opinions se manifestent par la parole et ne se consignent point par écrit. Pourquoi les représentans peu aptes à s'énoncer ne seraient-ils pas admis à lire leur opinion ? Il se rencontre à tout moment des hommes qui parlent avec une étonnante facilité et ne savent point écrire, tandis que d'autres, qui ont de la difficulté à s'exprimer, écrivent, au contraire, avec une grande force et une irrésistible clarté. Est-il juste, dans le seul espoir de voir par ce moyen se former des orateurs, de nous priver, dans un moment aussi important, du grand secours dont ces derniers peuvent être, et de forcer tous les hommes à un même talent, quand la nature, qui est le principe de tout, dispense diversement ses faveurs ? Réservons pour un autre tems une pareille mesure, nous avons aujourd'hui besoin de toutes nos lumières.

ART. 41. *De la responsabilité des Ministres.*

Sans doute on ne saurait mettre trop de circonspection dans l'instruction des délits reprochés aux ministres, autrement une infinité de gens se croiraient en droit de les attaquer, et il s'en suivrait que l'obligation où ils se trouveraient de repousser souvent des accusations vagues, leur ferait perdre un tems précieux en compromettant par-là les intérêts de l'état; mais on s'aperçoit trop, par l'excès des ménagemens dont on les environne, que ce sont plutôt des créatures qu'on protège, que de grands fonctionnaires qu'on défend contre l'animosité qu'excite ordinairement le pouvoir. Des ministres seront toujours aux yeux du peuple les créatures du souverain; mais s'il arrive qu'un ministre abuse de l'autorité, dès ce moment tout appui doit lui être retiré de la part du grand souverain qui verra son peuple avant tout.

Art. 65. *Du droit de pétition.*

Le droit de pétition, qui est un des droits les plus respectables, en ce qu'il est la ressource du malheureux et de l'opprimé, devrait-il être soumis à l'assentiment d'un membre? Le français qui se trouve dans le cas d'en adresser une, peut très-bien ne pas connaître assez particulièrement un membre pour en obtenir qu'il se charge de la présenter. Il est d'ailleurs, on ne le sait que trop, des membres plus susceptibles de la crainte de se compromettre, que le désir d'être utile. Serait-ce pour cela qu'on l'aurait exigé? Pourquoi un Fran-

çais quelconque ne pourrait-il pas tout bon-
nement, dès qu'il se voit réduit à la triste
nécessité de recourir à ce moyen, se jeter dans
les bras de ses pères sans être astreint, comme
s'il n'était pas de la famille, à se procurer
d'avance un protecteur? Entraver ainsi ce
droit, est-ce l'accorder? Et ne vaut-il pas
mieux être exposé à perdre un peu de tems,
beaucoup même, plutôt que de manquer l'occasion d'être juste et secourable.

Art. 67. *De l'exclusion à perpétuité du trône*
de France de la famille des Bourbons.

L'assentiment national demandé sur l'exclusion perpétuelle du trône de France de la
famille des Bourbons, est, selon moi, sura-
bondant. Leur gouvernement est le plus sûr
garant qu'ils ne peuvent plus être désirés ni
revenir. Que pourrait-il d'ailleurs cet assentiment contre la force des circonstances?

———

Telle est mon opinion, que si l'Acte additionnel aux constitutions de l'Empire eût été
fondé sur les principes que je n'ai fait qu'ébau-
cher, il eût justifié pleinement les intentions

de libéralité manifestées par un grand Empereur, et qui seules conviennent à notre grande
nation. Ce nouveau pacte social, en unissant
intimément et franchement le peuple et le
souverain, eût fait la force de tous les deux,
en même tems qu'il eût assuré leurs prospé-
rités.

D........,

Ancien Officier de la Légion du Cap.

PARIS, Imprimerie de J.-L. SCHERFF, rue du Caire,
N°. 22.

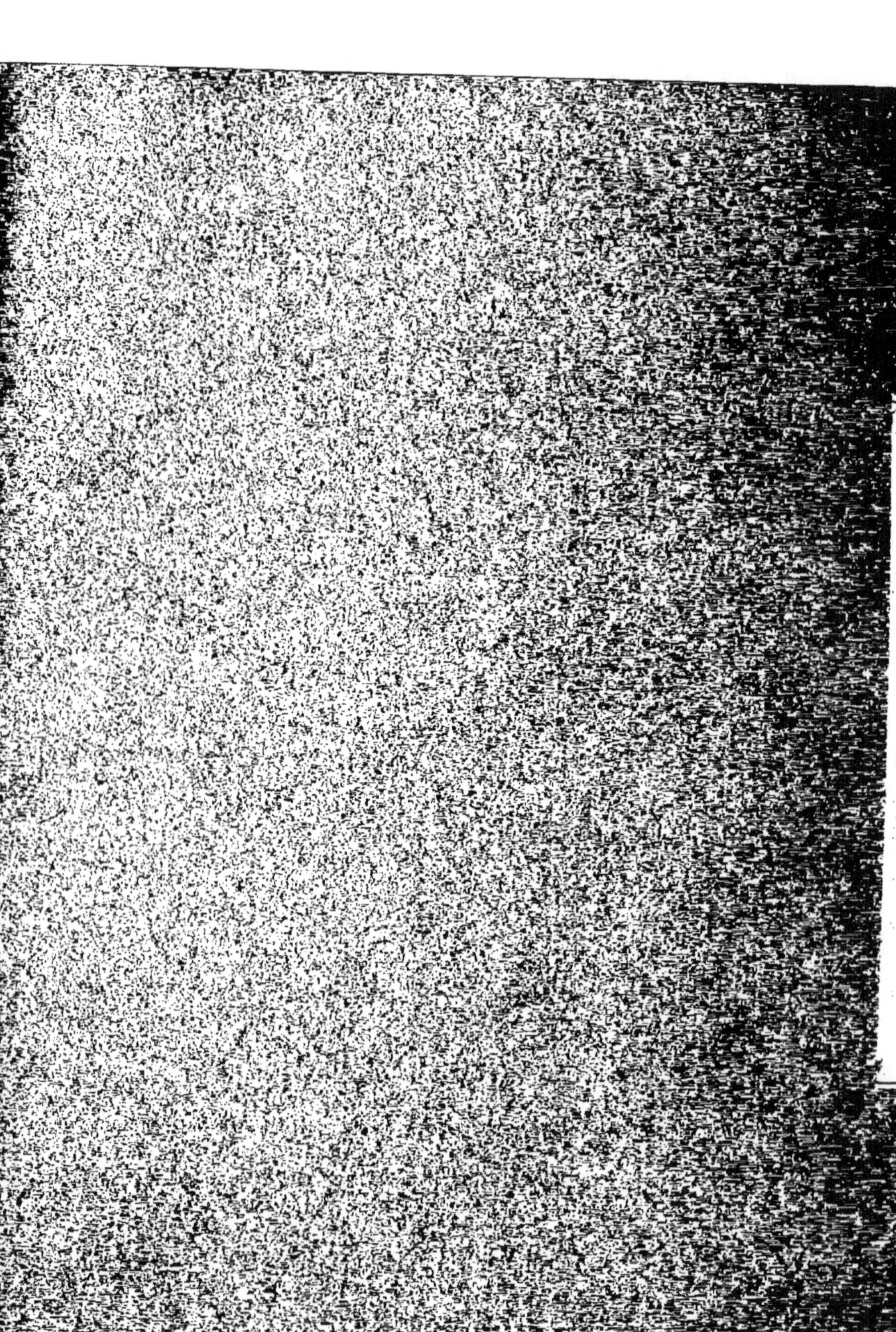